LES QUATRE SAISONS DE MONET

Impressions of the Four Seasons

by Oui Love Books

ODÉON LIVRE
CHICAGO
2018

odeonlivre.com

Au printemps…

In spring…

Il fait beau.

It's nice.

Il pleut.

It rains.

Il y a du vent.

It's windy.

En été…

In summer...

Il fait chaud.

It's hot.

Claude Monet

Il y a du soleil.

It's sunny.

Il y a de l'orage.

It storms.

En automne...

In autumn…

Il est nuageux.

It's cloudy.

Il fait frais.

It's cool.

Il y a du brouillard.

It's foggy.

En hiver…

In winter…

Il fait froid.

It's cold.

Il neige.

It snows.

Il gèle.

It's freezing.

REVIEW

Au printemps…	In spring…	
Il fait beau.	It's nice.	
Il pleut.	It rains.	
Il y a du vent.	It's windy.	
En été…	In summer…	
Il fait chaud.	It's hot.	
Il y a du soleil.	It's sunny.	
il y a de l'orage.	It storms.	

En automne…	In autumn…	
Il est nuageux.	It's cloudy.	
Il fait frais.	It's cool.	
Il y a du brouillard.	It's foggy.	
En hiver…	In winter…	
Il fait froid.	It's cold.	
Il neige.	It snows.	
Il gèle.	It's freezing.	

PAINTINGS

Titre en français	Title in English	Date	Image
Printemps sur la Seine	Spring by the Seine	1875	
Le Pont d'Argenteuil	The Bridge at Argenteuil	1874	
Pluie à Belle-Ile	Rain in Belle-Ile	1868	
Madame Monet et son fils ou Femme à l'ombrelle	Woman with a Parasol - Madame Monet and Her Son	1875	
Meules, fin de l'été	Haystacks, end of Summer	1891	
La Plage à Honfleur	The Beach at Honfleur	1864	
Adolphe Monet lisant dans un jardin	Adolphe Monet Reading in the Garden	1866	
L'Été	Summer	1874	

Saule Pleureur	Weeping Willow	1918
Moulins près de Zaandam	Windmills Near Zaandam	1871
Meule à Giverny	Haystack at Giverny	1886
Brouillard matinal	Morning Haze	1888
Meules, effet de neige	Haystacks: Snow Effect	1891
Rue sous la neige, Argenteuil	Snow at Argenteuil	1875
Les Maisons bleues, Norvège	Blue Houses, Norway	1895
Les Glaçons	The Ice Floes	1880

CPSIA information can be obtained
at www.ICGtesting.com
Printed in the USA
BVHW060937040319
541705BV00005B/60/P